AF224512

RÉPONSE AUX ATTAQUES

DE

M. DE VILLEMESSANT

CONTRE

FEU FIORENTINO

TYPOGRAPHIE BONNET. — LESUEUR, V. POUPARD ET Cᵉ

rue Vavin, 42.

RÉPONSE AUX ATTAQUES

DE

M. DE VILLEMESSANT

CONTRE

FEU FIORENTINO

PAR

PAUL DE LEONI

PARIS

CHEZ TOUS LES LIBRAIRES

DÉPOT CHEZ TRALIN, ÉDITEUR, RUE DAUPHINE, 49

1866

RÉPONSE AUX ATTAQUES

DE

M. DE VILLEMESSANT

CONTRE

FEU FIORENTINO

Monsieur de Villemessant,

A la grande satisfaction du public, que vous commenciez à fatiguer singulièrement, vous venez enfin de mettre un terme aux invectives que vous vomissiez chaque soir, — passez-moi cette expression qui rend parfaitement la pensée générale, — dans le journal *l'Evénement*, en leur donnant chevaleresquement pour cible un fantôme dont vous n'avez pas craint de troubler le sommeil. Rien ne doit nous surprendre de votre part, vous nous avez depuis longtemps habitués à des choses qui, il y a vingt ans, eussent paru formidables, mais qu'on trouve toutes simples aujourd'hui que vous avez érigé l'insulte et la diffamation à la hauteur d'un principe qui semble en quelque sorte, grâce à la publicité dont vous disposez, faire partie du code de la civilité puérile et honnête. N'importe, monsieur, vous venez de faire là, permettez-moi de vous le dire, une triste campagne. Tant que vous avez dirigé vos attaques contre des hommes capables de vous répondre, personne n'a songé, en dehors des intéressés, à se mêler de vos affaires; mais, puisque aujourd'hui, changeant de tactique, vous insultez les morts, vous daignerez bien à votre tour nous autoriser à nous occuper de vous. Aussi bien, vous êtes à un tel point avide de popularité et de scandale que, malgré les dures vérités qui vont sortir de ma plume, on vous sait de force à me remercier publiquement de vous avoir fait une réclame.

Vous êtes, monsieur, un des plus curieux produits de la génération actuelle; vous êtes un type, et, si je ne me trompe, beaucoup de personnes, en y prêtant quelque attention, vous reconnaîtraient aisément dès les premières lignes du portrait de Andoche Finot, si bien accentué par le grand Balzac dans *Un grand homme de province à Paris*, cette fraction si intéressante de la *Comédie humaine*.

De même que Fiorentino quittait Naples un beau jour pour venir tenter la fortune à Paris, vous nous êtes arrivé un beau matin de votre Touraine avec des intentions non équivoques. Vous avez fait vos débuts dans le journalisme, c'est tout naturel. Il est avéré depuis longtemps que la profession d'homme de lettres est un paravent derrière lequel peuvent, plus ou moins honorablement, s'abriter les mille et une industries qui vivent des produits de la typographie. Sans acquit, sans savoir sans argent, sans expérience, mais avec l'idée bien arrêtée de conquérir un jour, au détriment des imbéciles, l'embonpoint que vous avez réalisé aujourd'hui, vous improvisant écrivain, vous avez fondé cette fameuse *Sylphide,* dont vous nous avez, sans vergogne, narré les péripéties. Vous avez bien un peu entre nous soit dit confidentiellement, à propos de cette feuille intéressante, altéré quelques détails et sauté par dessus certaines particularités que votre fortune, si tant est que fortune il y ait, aurait intérêt à faire oublier ; mais je ne vous chercherai pas noise pour des vétilles qui ne sont point de ma compétence, espérant que vous comblerez un jour les *lacunes* que vous avez laissées derrière vous.

Vous êtes, monsieur de Villemessant, personne ne l'ignore, un homme scrupuleux et délicat, vous êtes mieux que cela, vous êtes un juge, — un Franc-Juge, — vous faites comparaître sans pitié et avec l'inflexibilité de la Loi, à votre barre toutes les personnalités sur le compte desquelles vous trouvez à redire. Cependant, avez-vous jamais songé à l'impression qui s'est produite parmi vos abonnés de *l'Événement,* à la lecture de vos articles sur le *chantage* pratiqué dans la *Sylphide* par vous et vos collaborateurs. Et, croyez-vous aussi, monsieur, que ces derniers, — les survivants, — soient bien flattés de se voir englobés dans le cercle de vos jongleries? Imaginez-vous un tribunal d'honneur qui se réunirait sur votre demande, à l'effet de donner son adhésion à vos manœuvres? Vous auriez, il est vrai, quelque chance de succès si, au lieu de choisir vos juges dans la société si honorable des gens de lettres dont vous ne faites pas partie, vous sollicitiez les suffrages de Barnum ou des frères Davenport. Quelle étincelante plaidoirie Mengin, de son vivant, eut consacrée à la défense de vos intérêts! Savez-vous ce que se disent les bourgeois désormais initiés à tous les mystères de la réclame : ils se disent ceci : « Ces journalistes, quels gredins ! »

N'ayant ni talent, ni savoir, vous êtes entré, monsieur, dans la littérature, dont vous n'avez jamais entrevu que les côtés scabreux, par une porte bâtarde, — la seule que vous pussiez choisir, — et vous vous êtes faufilé parmi les gens de lettres un peu à la façon de ce garçon de café que vous avez surpris un soir, à un bal-réclame, dansant avec madame la comtesse de l'Angle. Jusqu'alors vous ne nous aviez offert qu'une triste mesure de votre savoir-faire dans le *Figaro*, devenu entre vos mains le *Moniteur des duels*, journal officiel des scandales parisiens, mais grâce à l'*Événement* et aux *Mémoires d'un journaliste*, vous avez mis le comble à vos vœux en vous affirmant comme un prestidigitateur hors de pair, situation que personne, rassurez-vous, ne cherche, quant à présent, à vous contester, ni à revendiquer. Vous êtes le *Sapeur* des vertus traditionnelles, monsieur, comme dirait Joseph Prudhomme, rien n'est sacré pour vous ; aussi, je comprends parfaitement que les auteurs de la *Femme à barbe* aient placé sous l'invocation de votre nom, cette œuvre exquise et délicate avec laquelle vous passerez à la postérité. Il y a dans cette dédicace, monsieur de Villemessant, un curieux sujet d'étude comparée que je propose à vos méditations, dans le cas où vous voudriez le donner à traiter à l'un de vos rédacteurs du *Figaro*.

Fiorentino, monsieur, n'est allé devant aucun tribunal réclamer un nom de famille, mais il a pieusement veillé aux besoins de son vieux père qu'il a, quoique vous en disiez, entouré de soins et d'affection jusqu'au dernier moment. Moins familiarisé que vous avec les émotions de la police correctionnelle, il eût pu, grâce à son immense talent, vous faire rentrer sous terre et vous contraindre au silence quand il l'eût voulu, mais il dédaignait, Dieu merci, ces polémiques si dangereuses, aux blessures desquelles l'habitude vous a rendu insensible. Et, en admettant, monsieur, que les accusations que vous avez dirigées contre lui soient justifiées, quelle différence établissez-vous, je vous prie, entre ses articles spirituels, littéraires et sévères, et vos tartines de chantage dissimulées grossièrement par votre prose épicée et malsaine. Vous lui avez rendu cette justice, — merci pour son ombre, mon Dieu! — qu'il ne tenait pas toujours ses promesses d'échanger contre des subventions quelconques les gracieusetés d'une critique complaisante: un tel procédé, monsieur, plaiderait au moins en faveur de Fiorentino, puisque chacun s'accordait à témoigner de sa compétence en matière musicale. Dans tous les cas, monsieur, en admettant, encore une fois, la culpabilité du célèbre critique, est-il plus répréhensible d'avoir accepté des sommes qui lui étaient offertes par les artistes eux-mêmes, auxquels il pouvait rendre de grands services par ses relations, en dehors du journalisme, que vous, d'avoir, dans un publication périodique, tro- qué vos hyperboles contre les *regata* du *Nègre* ou de Guerlain, le «demi-dieu des parfums!» En définitive, monsieur, même en pre- nant vos assertions au pied de la lettre, à qui Fiorentino portait-il préjudice? Votre cas, monsieur de Villemessant, ne me parait pas être absolument le sien. A côté des industriels, dont vous prôniez les produits, à tant la ligne, se trouvaient naturellement d'autres industriels moins fortunés, mais tout aussi recomman- dables, à qui votre petit commerce ne laissait pas sans doute de nuire considérablement. Ah! tenez, j'avais bien raison de vous le dire tout-à-l'heure, vous ne respectez rien, mais il est dans votre nature d'être incorrigible; vous appartenez à la déplorable caté- gorie de ces gens au *mauvais œil*, qui ne reculent comme Gus- man devant aucun obstacle, quand il s'agit de faire le mal, même en riant.

Et pourtant que de leçons dont vous auriez pu profiter! Quel enseignement il y avait pour vous, et dans la mort de ce pauvre Dillon, et dans les admonestations, — à votre égard un peu vives, — de M. le colonel de Noé! Je vous le dis avec beaucoup moins d'animosité que de pitié, monsieur, vous jouez un vilain jeu, vous remplissez un triste rôle, au sein même de ce journalisme dont vous avez tant contribué à rabaisser le prestige. Il n'est pas de réputation noblement conquise, d'individualité saillante que

vous n'ayez passées au fil de votre plume pygméenne. Votre dé-
mangeaison de popularité, un inextinguible besoin de faire du
bruit autour de votre nom vous poussent sans cesse à tenter
la démolition de tout ce qui réussit avec éclat, au mépris des
mesquines manœuvres que vous employez. Voici MM. Millaud
et Léo Lespès (Timothée Trimm) par exemple, que n'avez-vous
entrepris contre eux personnellement et contre le *Petit Journal.*
Depuis la création de *L'Événement* vous ne pensez plus qu'à une
chose, détruire le *Petit Journal,* et il n'est pas de malveillantes
insinuations que vous ne lanciez chaque jour à son adresse.
La popularité de Timothée Trimm, — lequel est un garçon
d'esprit, infiniment modeste ,et toujours prêt à rendre service,
même à vous, monsieur, qui lui êtes déjà redevable d'une grande
part des succès, très-légitimes d'ailleurs, du *Figaro,* — la popularité de Timothée Trimm trouble votre sommeil et contrarie vos
digestions, en dépit des attentions méticuleuses de Peter's; et
jusqu'à un certain point, il n'est pas surprenant que la considé-
ration, qui entourait Fiorentino, légitime cette haine impla-
cable que vous lui avez vouée, lui vivant, et que vous n'avez laissé
déborder qu'à l'heure de sa mort. Vous êtes, monsieur, à ce point
jaloux des succès d'autrui que si à l'heure qu'il est le dompteur
Batty venait à être dévoré par un de ses animaux, vous voudriez
à votre tour, vous faire croquer par M. Jouvin.

Et maintenant, monsieur, laissez-moi vous dire, avant de clore
cette courte lettre, qu'il me serait facile de rendre considérablement plus longue, que je ne veux point user du droit que

vous m'avez en quelque sorte donné de soulever le voile de votre
vie privée. Sans parler de votre passage à Nantes et autres loca-
tés de province, votre existence publique, — trop publique, hélas !
— appartient désormais aux annales de la littérature qui flétrira
bientôt, à l'exemple de cette haute et sage magistrature fran-
çaise, votre conduite selon vos œuvres.

Et toi, pauvre enfant de Fiorentino, encore au berceau, quel
douloureux réveil sera le tien, si jamais tes yeux rencontrent
les immondes calomnies dont cet homme aura tenté de salir la
mémoire de ton père. Va, celui qui t'attaque de la sorte sait bien
que ni toi qui essaies à peine tes premiers pas, ni ton père qui
est mort, ne lui répondront. Puissent non-seulement ces lignes,
mais aussi celles qui contiennent le jugement irrévocable rendu
en faveur de ton père, te convaincre que M. de Villemessant seul
était capable de calomnier un mort. Tu sauras lequel des deux
est le vrai, d'un jugement rendu sans entendre un accusé, ou
d'un jugement sanctifié par des noms qui servent en France de
point de ralliement à toute idée grande et généreuse.

Paul DE LEONI.

Paris, le 29 janvier 1866.

PAROISSE
de
TRAVAILLAN

Arrondissement d'Orange

DIOCÈSE D'AVIGNON.

(Vaucluse).

Madame la Supérieure !

On distribue d'ordinaire beaucoup d'images aux enfants. Je suis bien loin de blâmer ce mode d'encouragement; je l'approuve, et j'en use moi-même dans mes catéchismes et dans la visite des classes. Mais l'expérience m'a appris que l'image, après avoir un instant satisfait les yeux de l'enfant est souvent mise de côté et oubliée. C'est beaucoup quand elle obtient une place d'honneur entre les feuillets d'un livre de piété. Or, ne pensez-vous pas, Madame la Supérieure, qu'il serait utile de remplacer quelquefois l'image par un petit livre ? Le livre flatte d'avantage l'enfant; il le lit avec intérêt parce que *c'est sa récompense*; il le conserve religieusement pour le montrer à ses parents. Ceux-ci le lisent à leur tour avec complaisance, ne serait-ce que pour faire plaisir à leur enfant. De bonnes pensées, de saints désirs naissent de cette lecture. A la suite, une résolution est souvent prise qui ramène et fixe dans le devoir une âme égarée.

Ainsi le petit livre devient le Missionnaire de la famille, il accomplit à sa manière l'œuvre du bon Dieu. Qui en a le premier mérite ? La main sage et amie qui l'a distribué.

Ce sont ces motifs, Madame la Supérieure, qui m'ont engagé, aux approches du jour de l'an, à vous adresser la Mort d'une Enfant de Marie. Cet opuscule, j'en suis sûr, édifiera les Demoiselles placées sous votre direction. Toutes voudront le posséder.

Les neuf éditions rapidement épuisées, dans l'espace de quelques mois, sont une preuve évidente que ce livre mérite d'être propagé. Le prix n'en est pas élevé (50 centimes.) Pris en nombre et comme œuvre de propagande, il est cédé à 20 et même à 15 centimes.

Ajoutons que ce petit livre vous est présenté sous la forme d'une excellente œuvre de charité qui touchera votre cœur, vous qui aimez Marie et qui la faites aimer. Tout le bénéfice doit être consacré à l'érection et à l'ornementation d'une chapelle de la très-sainte Vierge. Il sera ainsi comme un lien d'union entre vous et mes chers paroissiens que vous aurez dotés d'un précieux sanctuaire. Ils s'en souviendront lorsqu'ils seront au pied de l'autel érigé par votre charité, et lorsqu'ils assisteront aux *messes de fondation* qui se disent et qui se diront à perpétuité le premier lundi de chaque mois, et pendant l'octave des morts, pour leurs bienfaiteurs vivants et décédés.

Oh! non, vous ne refuserez pas quelques centimes à la Madone de Travaillan. Toutefois, si pour des raisons que je respecterai toujours, vous ne jugiez pas à propos de garder le petit livre, ni de le propager dans vos classes, ne pourriez-vous pas le céder à une personne pieuse de votre paroisse? Assurément il vous sera facile de trouver autour de vous une Enfant de Marie qui tiendra à honneur de recevoir et de conserver un souvenir d'une jeune vierge qui fut sa compagne, sa sœur. Enfin, pour ne vous gêner en rien, dans l'exercice de la belle vertu de charité, j'ajouterai que vous pourrez me renvoyer l'opuscule; mais alors j'ose vous prier de l'affranchir avec un timbre de quatre centimes.

Vous pouvez m'adresser le montant de l'exemplaire que vous avez reçu et de ceux que vous me demanderez, soit en timbres-poste, soit en un mandat.

Avec l'expression de ma vive gratitude, veuillez agréer, Madame la Supérieure, mes très-respectueuses salutations.

DUMAS,

Curé de Travaillan, par Orange (Vaucluse).

LA MORT D'UNE ENFANT DE MARIE

1 exemplaire	»	50 c.
12 — ·	2	80
100 —	15	»

LA SANTA CASA (1)

1 exemplaire	»	80 c.
12 —	6	»
100 —	40	»

L'ITINÉRAIRE DE LA PASSION

1 exemplaire	»	80 c.
12 —	6	»
100 —	40	»

(1) Voir au verso de la couverture de *La Mort d'une Enfant de Marie*.

CATÉCHISME EN HISTOIRES

ou

RECUEIL COMPLET DES EXEMPLES

indiqués

DANS LE CATÉCHISME D'AVIGNON

1 joli vol., contenant 257 Exemples ou Traits historiques.

NOUVELLE ÉDITION

Avec l'Approbation de Mgr l'Archevêque d'Avignon, de S. E. Mgr le Cardinal-Archevêque de Chambéry, de S. G. Mgr l'Archevêque d'Aix et de NN. SS. les Évêques de Viviers, de Montpellier, de Valence, de Nevers, de Nîmes et de Digne.

Prix, cart, couverture imprimée: 75 c., par la poste, 90 c. et par cent: 65 f.

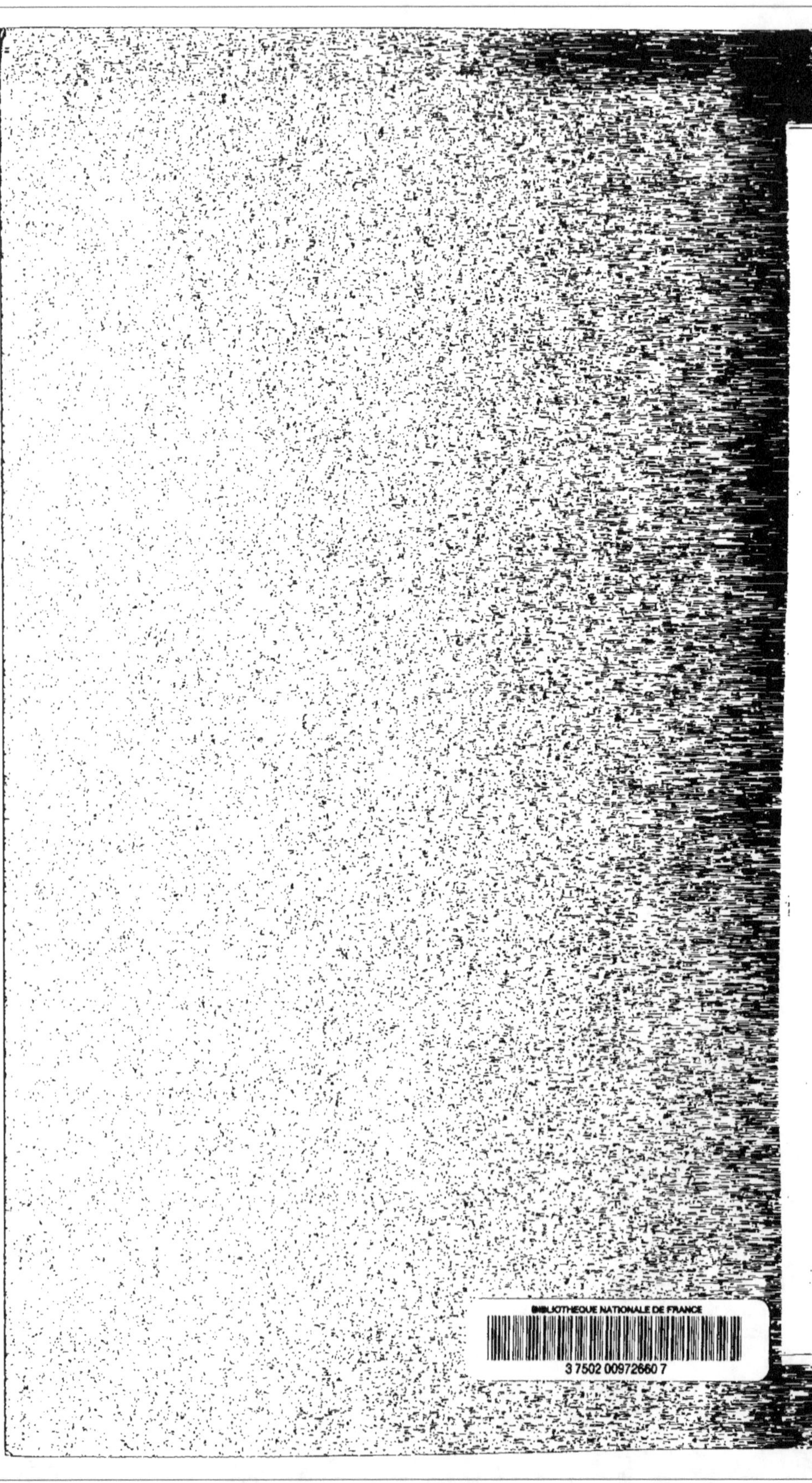